BYASSON, Greffier

PETIT RECUEIL

DE JURISPRUDENCE

A L'USAGE DES

TOURISTES, CYCLISTES

ET VOYAGEURS

Règlementation générale de Circulation.
Chemins de Fer.
Hôtels, Auberges, Cafés.
Chiens.
Voitures et Voituriers.
Refus de Secours.
Armes prohibées.
Loueurs de Chevaux.
Fabricants de Bicyclettes.

PRIX : 50 Centimes.

AUCH

TH. BOUQUET, IMPRIMEUR-ÉDITEUR

PETIT RECUEIL

DE

JURISPRUDENCE

A L'USAGE

DES TOURISTES, CYCLISTES

ET VOYAGEURS

:o:

Règlementation générale de Circulation.
Chemins de Fer.
Hôtels, Auberges, Cafés.
Chiens.
Voitures et Voituriers.
Refus de Secours.
Armes prohibées.
Loueurs de Chevaux.
Fabricants de Bicyclettes.

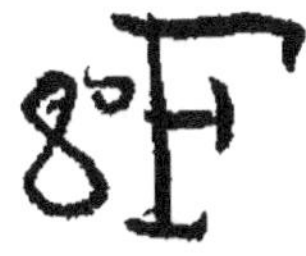

PETIT CODE PRATIQUE
DU TOURISTE

CHAPITRE I
RÈGLEMENTATION GÉNÉRALE
de la Circulation Vélocipédique

MINISTÈRES
DE L'INTÉRIEUR
et des
Travaux publics

RÉPUBLIQUE FRANÇAISE

Paris, le 22 février 1896.

MONSIEUR LE PRÉFET,

La circulation des vélocipèdes, tant qu'elle a été restreinte, a pu sans inconvénient ne pas faire l'objet d'une règlementation uniforme applicable à tout le territoire ; mais elle prend de plus en plus d'extension et elle a été l'objet, dans tous les départements, d'arrêtés municipaux et préfectoraux dont les dispositions, souvent divergentes, ne peuvent être connues des vélocipédistes qui circulent à grandes distances. L'Administration a pensé que le moment était venu de rechercher quelles mesures générales doivent être adoptées , d'une part, au point de vue de la sécurité de la circulation des piétons et des voitures, et, d'autre part, pour protéger les vélocipédistes contre la mauvaise volonté des voituriers.

Pour résoudre ces questions, les Ministres de l'Intérieur et des Travaux publics ont institué une Commission présidée par un conseiller d'Etat et composée de délégués des deux Ministères.

Après avoir pris connaissance de tous les arrêtés préfectoraux et municipaux intervenus jusqu'à ce jour sur la matière et avoir recueilli les observations des principales sociétés vélocipédiques, nous avons, sur l'avis de la Commission, dressé un modèle d'arrêté préfectoral, applicable à tous les départements. Vous en trouverez le texte annexé à la présente circulaire.

Les prescriptions contenues dans le modèle d'arrêté ne nécessitent pas d'explications spéciales. En effet, elles font connaître d'une manière précise les appareils dont les vélocipédistes doivent être munis, spécifient les conditions de marche à observer dans cer-

taines circonstances, ainsi que la direction
à prendre pour croiser ou depasser les voitures, chevaux, vélocipèdes ou piétons ; elles
rappellent enfin qu'en principe la circulation
des vélocipèdes demeure interdite sur les
trottoirs et contre-allées réservées aux piétons.

A cet égard, vous ne perdrez pas de vue
que la règle générale ainsi posée comporte
deux exceptions. D'abord les cyclistes sont
admis d'une façon permanente à emprunter,
en dehors des agglomérations, les trottoirs
et contre-allées bordant les voies pavées où
la marche de leurs appareils est difficile et
périlleuse. En second lieu, ils jouiront de la
même faveur, à titre temporaire, lorsque la
chaussée de routes ou chemins empierrés
sera l'objet de travaux de réfection.

En déterminant les obligations récipro-
ques des piétons, des voituriers, des cavaliers
et des vélocipédistes, les dispositions adoptées auront pour effet de diminuer le nombre
et la gravité des accidents qui se produisent ;
elles supprimeront, en outre, par suite de
leur uniformité, l'inconvénient, pour les vélocipédistes effectuant de longs voyages, d'être
soumis, en passant d'un département dans
un autre, à une règlementation différente.

Vous voudrez bien, Monsieur le Préfet, prendre un arrêté conforme au modèle ci-joint :

cet arrêté portera la date du 29 février 1896 ; il sera publié et affiché en la forme ordinaire et inséré au *Recueil des Actes administratifs* de votre Préfecture.

Recevez, Monsieur le Préfet, l'assurance de notre considération la plus distinguée.

Le Président du Conseil,
Ministre de l'Intérieur,
Léon BOURGEOIS.

Le Ministre des Travaux publics,
Ed. GUYOT-DESSAIGNE.

Règlementation de la circulation des vélocipèdes sur les voies publiques.

Nous, Préfet du département d

Vu la loi des 22 décembre 1789, 8 janvier 1790 ;

Vu la loi du 21 mai 1836, art. 9 ;

Vu la loi du 5 avril 1884, art. 97 et suivants,

ARRÊTONS :

Article premier — La circulation des vélocipèdes sur toutes les voies publiques. nationales, départementales et communales, est soumise aux règles ci-après énumérées.

Art. 2. — Tout vélocipède doit être muni

d'un appareil sonore avertisseur dont le son puisse être entendu à 50 mètres.

Dès la chute du jour, il doit être pourvu, à l'avant, d'une lanterne allumée. (A)

ART. 3. — Tout vélocipède doit porter une plaque indiquant le nom et le domicile du propriétaire, ainsi qu'un numéro d'ordre, si le propriétaire est loueur de vélocipèdes.

ART. 4. — Les vélocipédistes doivent prendre une allure modérée dans la traversée des agglomérations, ainsi qu'aux croisements et aux tournants des voies publiques.

Ils ne peuvent former de groupes dans les rues.

Il leur est défendu de couper les cortèges et les troupes en marche.

En cas d'embarras, les bicyclistes sont tenus de mettre pied à terre et de conduire leurs machines à la main.

ART. 5. — Les vélocipédistes doivent prendre leur droite, lorsqu'ils croisent des voitures, des chevaux ou des vélocipèdes, et prendre leur gauche, lorsqu'ils veulent les

(A) Par 2 arrêts en date des 13 mars 1886 et 18 février 1897, la Cour de cassation a décidé que l'appareil sonore avertisseur doit résonner constamment et non pas seulement lorsque le cycliste en juge le moment opportun.

D'où la nécessité, sous peine de contravention, d'avoir sa machine munie d'une trompe résonnant constamment et automatiquement ou bien d'une clochette dont le son soit entendu au moins à cinquante mètres.

dépasser ; dans ce dernier cas, ils sont tenus d'avertir le conducteur ou le cavalier au moyen de leur appareil sonore et de modérer leur allure.

Les conducteurs de voitures et les cavaliers devront se ranger à leur droite à l'approche d'un vélocipède, de manière à lui laisser libre un espace utilisable d'au moins 1ᵐ50 de largeur.

Les vélocipédistes sont tenus de s'arrêter lorsque à leur approche un cheval manifeste des signes de frayeur.

ART. 6. — La circulation des vélocipèdes est interdite sur les trottoirs et contre-allées affectées aux piétons.

Cette interdiction ne s'étend pas aux machines conduites à la main.

Toutefois, en dehors des villes et agglomérations, la circulation des vélocipèdes pourra s'exercer, sur les trottoirs et contre-allees affectés aux piétons, le long des routes et chemins pavés ou en état de réfection.

Sur tous les trottoirs et contre-allées affectés aux piétons où la circulation des vélocipédistes est autorisée, ceux-ci sont tenus de prendre une allure modérée à la rencontre des piétons et de réduire leur vitesse à celle d'un homme au pas, au droit des habitations isolées.

ART. 7. — La circulation des vélocipèdes

peut être interdite par des arrêtés municipaux, temporairement ou d'une façon permanente, sur tout ou partie d'une voie publique.

A chacune des extrémités des espaces interdits, des écriteaux placés et entretenus par la commune donnent avis de l'interdiction.

ART. 8. — Sont rapportés tous arrêtés préfectoraux ou municipaux pris antérieurement pour règlementer la circulation des vélocipèdes dans les diverses communes du département.

ART. 9. — Les contraventions au présent arrêté seront constatées par des procès-verbaux et déférées aux tribunaux compétents.

ART. 10. — Les sous-préfets, maires, officiers de gendarmerie, ingénieurs et agents des ponts et chaussées, les agents voyers, les commissaires de police, les gardes champêtres et tous officiers de police judiciaire sont chargés de veiller à l'exécution du présent arrêté qui sera inséré au *Recueil des Actes administratifs*, affiché et publié dans toutes les communes du département.

Fait à   le 29 février 1896.

Le Préfet d

Peines contre les Contrevenants à l'arrêté ci-dessus

Art. 471. C. P. — Seront punis d'amende depuis un franc jusqu'à 5 francs inclusivement.

N° 15. — Ceux qui auront contrevenu aux règlements légalement faits par l'autorité administrative et ceux qui ne se seront pas conformés aux règlements ou arrêtés publiés par l'autorité municipale, en vertu des articles 3 et 4, titre XI de la loi des 16-24 août 1790 et l'art. 46, titre I de la loi des 19-22 juillet 1791.

———

Art. 474. — La peine d'emprisonnement contre toutes les personnes mentionnées en l'art. 471 aura toujours lieu en cas de récidive pendant trois jours au plus.

———

Art. 463. — Les peines prononcées par la loi contre celui ou ceux des accusés reconnus coupables, en faveur de qui le jury aura déclaré les circonstances atténuantes seront modifiées ainsi qu'il suit.

Dans tous les cas où la peine de l'emprisonnement et celle de l'amende sont prononcées par le Code Pénal, si les circonstances paraissent atténuantes, les Tribunaux correctionnels sont autorisés, même en cas de récidive, à réduire l'emprisonnement même au-dessous de six jours, et l'amende même au-dessous de seize francs. Ils pourront aussi prononcer séparément l'une ou l'autre de ces peines, et même substituer l'amende à l'emprisonnement sans qu'en aucun cas elle puisse être au-dessous des peines de simple police.

CHAPITRE II

CHEMINS DE FER

Droits et Devoirs des Voyageurs envers les Compagnies des Chemins de Fer

§ 1er.

Voyageurs

1.   Les guichets pour la délivrance des billets de voyageurs doivent être ouverts. — Dans les grandes gares, 1/2 heure avant l'heure règlementaire du départ des trains; dans les autres gares, 1/4 d'heure seulement avant cette heure. Ils doivent être fermés, dans les premières 1/4 d'heure avant l'heure fixée pour ce départ, dans les autres 5 minutes avant cette même heure.

(Tarif homologué art. 5.)

2.   La compagnie ne serait pas en droit en prétendant qu'elle n'a pu délivrer des billets à suite d'encombrement aux guichets surtout s'il est possible au voyageur de justifier de sa présence à la

gare, longtemps avant l'heure de la fermeture. C'est à la Compagnie qu'incombe le devoir d'augmenter son personnel suivant les besoins du service.

(*Ferraud Giraud, T. III. p. 182.*)

---

3. La Compagnie délivrant un billet à un voyageur sans le prévenir que la ligne est interrompue ou qu'il y a retard, commet une faute dont elle est responsable.

(*Cassation, 26 juin 1872.*)

---

4. Les Compagnies doivent opérer le transport des voyageurs suivant les heures affichées dans les gares et stations.

(*Art. 43 de l'ordonnance du 15 novembre 1846.*
Art 49 du cahier des charges.)

---

5. Elles sont responsables des dommages éprouvés par un voyageur qui, à suite du retard d'un train, est dans l'impossibilité de prendre un train correspondant ou bien d'arriver à temps dans une ville pour y régler les affaires qui l'y appelaient.

6.   Cette responsabilité n'a lieu que dans le cas où le retard aurait été provoqué par suite d'abondance de voyageurs, transformation de trains, attente d'une correspondance, etc., mais non pas dans le cas de force majeure.

(Cassation, 27 mars 1870.— Bordeaux, 9 avril 1861. Lamé Fleury, Bulletin 73, p. 248. — Cassation, 26 juin 1872.— Circulaire, 15 avril 1859 - 28 août 1878. — Ferraud Giraud, T. III, p. 182.)

7.   Les Compagnies sont dans l'obligation de prévenir à haute voix du départ des trains, en indiquant leur direction, les principales stations qu'ils traversent. Si elles y manquent, elles sont responsables des erreurs commises par les voyageurs.

(Saintes, 28 novembre 1878. — Lamé Fleury, 79, p. 49.)

8.   Elles sont aussi responsables des erreurs commises par des voyageurs qui auraient pris une fausse destination sur des indications erronées à eux données par les agents des dites Compagnies.

(Ferraud Giraud, Transport n° 55.)

9.   Les juges sont appréciateurs souverains du cas de force majeure.

(Cassation, 10 février 1868. — 20 novembre 1872. — 22 décembre 1884.)

10.   Le voyageur est toujours en droit d'actionner la Compagnie en dommages intérêts, alors même qu'il aurait accepté le remboursement de son billet de cette Compagnie.

(Justice de paix de Bordeaux, 2ᵐᵒ canton, 9 septembre 1893.)

———

11.   Il ne peut faire un arrêt dans une station intermédiaire entre la gare de départ et celle d'arrivée. S'il ne veut pas perdre le bénéfice de son billet, il doit suivre le train et prendre ceux qui lui correspondent.

———

12.   Il ne peut voyager dans une classe autre que celle indiquée sur son billet, sans prendre un supplément.

§ 2

Bagages

13.   Tout voyageur peut faire enregistrer comme bagage tout objet encombrant ou non lui appartenant à l'exception : 1° de bijoux, dentelles, pierres précieuses et tous objets taxés (*ad valorem*) ; 2° matières indiquées à l'annexe n° 2, qui, aux termes des règlements, arrêtés

ou décisions, sont exclues des trains de voyageurs ; 3° objets dout la dimension excède celle du matériel.

(Midi. — Ordre n° 275 du 10 août 1876. art. 4.)

---

14. Sont considérés comme bagages et admis à jouir de la franchise, jusqu'à concurrence du poids déterminé à l'art. 8 du Tarif général de grande vitesse, tous les colis présentés par les voyageurs, à l'exception des animaux, matières explosibles, inflammables ou exhalant une odeur infecte, bijoux, matières or et argent, dentelles, pierres précieuses, objets d'art.

(Est, Instruction n° 3, 1884.)

---

15. L'heure d'ouverture et de fermeture des bureaux d'enregistrement n'est pas indiquée.

Ils s'ouvrent en même temps que les guichets pour les cartes et se ferment deux minutes après l'heure fixée pour la fermeture de ces guichets.

---

16. Au cas où la gare de départ ne délivrerait pas de billets pour la gare désignée par le voyageur les bagages doi-

vent cependant être enregistrés pour
cette dernière gare.

(Tarifs généraux, art. 19.)

* * *

17.   Tout voyageur auquel a été délivré
un billet est en droit d'exiger l'enregistrement de ses bagages, sans que la
Compagnie puisse invoquer un encombrement quelconque ou toute autre
cause.

De même tout voyageur qui a payé sa
place doit être admis à présenter comme
bagages tout ce qu'il lui convient de
transporter avec lui.

(Cassation, 24 novembre 1888. — Paris, 27 décem-
bre 1889.)

* * *

18.   Les bagages dont les voyageurs sont
autorisés à se faire accompagner sur les
lignes de chemins de fer ne doivent pas
s'entendre seulement des objets néces-
saires aux voyageurs pour leur voyage.
Ils peuvent comprendre dans la généra-
lité de leur signification et conformément à l'usage, tous autres objets, même
de l'argenterie.

(Tribunal commerce, Le Havre, 12 février 1889.)

19.   C'est aux Compagnies qu'il appartient de peser les colis, mais il est prudent que les voyageurs vérifient l'exactitude du poids porté sur le bulletin, de même qu'ils ont le plus grand intérêt à s'assurer des mentions que les [agents y inscrivent très souvent sans les en prévenir.

(Perpignan, 1er mars 1888.

———

20.   Le transport de 30 kil. de bagages est gratuit. Les excédents de bagages sont taxés suivant les tarifs. Le droit de 10 centimes est un droit fixe d'expédition.

(Art. 44 du cahier des charges).

———

21.   Au cas où un voyageur aurait voyagé dans une classe autre que celle fixée par son billet, la Compagnie ne peut retenir ses bagages en garantie du supplément dû par lui.

(Paris, 7 février 1857. — Dalloz, n° 298. Chemins de fer).

———

22.   Lorsque plusieurs membres d'une même famille, d'une même société ou amis voyagent ensemble dans un même

but, ils peuvent réunir leurs billets sans payer d'excédent de bagages.

(Cassation, 16 décembre 1882).

Dans ce cas, le poids gratuit se calcule à raison de 30 kil. par billet.

———

23.   Au contraire si les billets ont été empruntés à des personnes étrangères avec la ferme intention de frauder la Compagnie, il se commet une contravention correctionnelle.

Béziers, 1ᵉʳ septembre 1866. — Pau, 15 avril 1868. — Dalloz, chemins de fer n° 603. — Cassation, 16 décembre 1882).

Mais c'est à la Compagnie qu'il appartient de déterminer les circonstances dans lesquelles cette contravention a été commise.

———

24.   La contravention ne peut être relevée que contre celui qui fait enregistrer ses bagages, non contre celui qui a prêté son billet, en raison de ce que, seul, celui qui fait usage du billet, est contrevenant.

25. Il en est de même de celui qui ne voyage pas et qui expédie des bagages avec des cartes empruntées.

---

26. Le voyageur doit toujours vérifier ses bagages avant la remise définitive du bulletin à la Compagnie, cette remise emportant de plein droit décharge entière et définitive.

---

27. Le cycliste doit surtout s'assurer du bon état des rayons, des ressorts de selle, du guidon, des pédales et principalement des valves.

---

28. Il est prudent de ne jamais retirer les objets avariés avant d'en avoir fait constater l'état soit par huissier, soit par expert désigné, alors même qu'on resterait possesseur du bulletin. Cet enlèvement peut, dans certains cas, dégager la Compagnie de la responsabilité encourue.

---

29. Alors même que le voyageur aurait perdu son bulletin de bagages, la Compagnie est tenue de lui faire la remise desdits bagages, s'il peut établir son identité et si, par les renseignements qu'il fournit sur leur contenu, il établit qu'il en est bien le propriétaire.

———

30   Tout bagage comportant soit un seul colis, soit plusieurs colis reliés ensemble et ne formant ainsi qu'un colis, peut être déposé en consigne moyennant un droit de 10 centimes.

———

31.   Si les bagages renferment or, argent ou pierres précieuses, le voyageur n'est pas tenu d'en faire la déclaration ni de payer un tarif spécial quant à ce ; la Compagnie est toujours responsable.

(Cassation, 16 mars 1879 — 7 août 1876 — 10 septembre 1873. — Dalloz, chemins de fer n° 455.

———

32.   Cette déclaration n'est nécessaire que dans le cas où les bagages ne suivent pas le voyageur.

———

33.   Tout voiturier est responsable des pertes et avaries en cours de route,

malgré les affiches qu'il pourrait placer
et desquelles il résulterait qu'il décline
toute responsabilité,

(Allain et Carré, vol. 2, n° 1258).

lors même qu'il démontrerait qu'il a
apporté tout le soin nécessaire ou qu'il
a été victime d'un vol.

Contraventions

34.   Le fait par un voyageur, sans intention
de frauder, de pénétrer sans un billet
dans un wagon, après en avoir avisé
les agents de la Compagnie, de même
que le fait par un voyageur d'avoir
dépassé la station indiquée par son
billet, après avoir avisé les agents de la
Compagnie qu'il continuait sa route, ne
constituent pas d'infraction à l'art. 68
de l'ordonnance du 15 novembre 1846.

(Rennes, 2 juin 1886.—Contra.—Pau, 29 mai 1896).

35.   Le refus par un voyageur de montrer
son billet au contrôleur qui passe dans
les compartiments pendant la marche
d'un train constitue une contravention,
alors même que le voyageur serait nanti
d'un billet régulier.

(Soissons, 27 octobre 1887—Pontoise, 6 octobre 1887.
— Toulouse, 14 mai 1884).

36.   Commet une contravention celui qui,
malgré les injonctions des agents s'introduit dans un compartiment de dames
seules.

(Nancy, 4 août 1887.)

---

*Extrait de l'ordonnance du 15 novembre
1846.*

37.   Art. 63. — Il est défendu :
1º D'entrer dans les voitures sans
avoir pris un billet et de se placer dans
une voiture d'une autre classe que celle
qui est indiquée par le billet ;
2º D'entrer dans les voitures ou d'en
sortir autrement que par la portière qui
fait face au côté extérieur de la ligne de
chemin de fer ;
3º De passer d'une voiture dans une
autre, et de se pencher au dehors.
Les voyageurs ne doivent sortir des
voitures qu'aux stations et lorsque le
train est complètement arrêté, il est
défendu de fumer dans les voitures et
les gares ; toutefois à la demande de la
Compagnie et moyennant des mesures
spéciales de précaution, des dérogations
à ces dispositions pourront être autorisées.

Les voyageurs sont tenus d'obtempérer aux injonctions des Agents de la Compagnie pour l'observation des dispositions mentionnées aux paragraphes ci-dessus.

————

38.　　Art. 64. — Il est interdit d'admettre dans les voitures plus de voyageurs que ne le comporte le nombre de places indiquées à l'art. 14 ainsi conçu :

« Art. 14. Toute voiture de voyageurs portera dans l'intérieur l'indication apparente du nombre des places. »

Art. 65. — L'entrée des voitures est interdite :

1° A toute personne en état d'ivresse ;

2° A tous individus porteurs d'armes chargées ou de paquets qui, par leur nature, leur volume et leur odeur pourraient gêner ou incommoder les voyageurs.

Tout individu porteur d'une arme à feu devra avant son admission sur les quais d'embarquement faire constater que son arme n'est point chargée.

————

39.　　La Compagnie n'est pas responsable d'un accident survenu à un voyageur qui, traversant la voie sur le ballast, au lieu de suivre le passage spécial et n'écoutant pas les avertissements d'un agent, est tamponné par une locomotive.

(*Lyon*, 10 *janvier* 1880).

40. La Compagnie peut être déclarée responsable d'un accident survenu à un voyageur descendant du train, lorsque ce train a été arrêté en pleine voie alors que l'art. 37 de l'ordonnance du 15 novembre 1846, art. 37, prescrit son arrêt sur les quais des gares, et alors ainsi que ce voyageur a été induit en erreur par les Agents de la Compagnie qui ont annoncé la station.

(*Aix*, 12 *décembre* 1887).

41. L'imprudence que commet un voyageur qui traverse une voie qui n'est pas libre, alors qu'il descend de wagon n'exonère pas la Compagnie de sa responsabilité, si les agents n'ont pas prévenu le voyageur du danger auquel il s'exposait.

(*Cassation*, 10 *novembre* 1884).

§ 3

Bicyclette-Bagage

42.   La bicyclette, d'après une jurispru-
prudence constante, est considérée
comme bagage chaque fois que son
propriétaire voyage avec elle.

———

43.   Elle est par suite transportée gratui-
tement sauf, toutefois, le droit fixe
de 0 fr. 10 centimes.

———

44.   Tout voyageur militaire ou assimilé,
bénéficiant de la remise sur son billet
de voyageur, est en droit de faire voyager sa bicyclette avec lui, et la Compagnie qui en refuse l'enregistrement est
responsable du retard.

(Justice de paix de Longjumeau 1895.

———

45.   Les Compagnies n'ont pas le droit
d'insérer sur les bulletins de bagages
qu'elles délivrent lors de l'enregistrement des bicyclettes la mention « *garantie pour non emballage* ».

(Dépêche ministérielle du 9 décembre 1896.)

46.   On leur conteste même le droit de mettre la mention (*velo non emballé*), et cela en raison de ce que la bicyclette est considérée comme un bagage alors même que rien ne la recouvre.

---

47.   L'insertion de ces mentions sur les bulletins ne peut même pas dégager les Compagnies des responsabilités encourues en cas d'avarie.

(Tribunal de commerce de Bergerac, 25 novembre 1896).

---

48.   Cette insertion ne peut être opérée qu'autant qu'on exige d'elles l'application d'un tarif spécial ; mais, dans ce cas, les bicyclettes ne sont plus considérées comme bagage accompagnant le voyageur,

(Cassation, 26 décembre 1888 — 11 décembre 1889 — 8 décembre 1891.)

---

49.   L'insertion de la clause de non garantie peut mettre à la charge de l'expéditeur la preuve de la faute.

(Cassation, 6 mars 1889.)

50   Si la bicyclette est en mauvais état, il faut en faire la déclaration et le faire insérer dans le bulletin.

---

51.   Aussi l'expéditeur pour se couvrir est-il en droit d'insérer sur le registre des réclamations une protestation de laquelle il résultera que les employés ou agents de la Compagnie ont, de leur propre mouvement et sans son consentement, inséré cette clause contrairement aux instructions ministérielles du 9 décembre 1896.

---

52.   Le transporteur qui s'est exonéré par une clause expresse de non garantie de la responsabilité des avaries provenant de la casse, n'est pas affranchi de toute responsabilité à raison des fautes commises par lui ou ses agents.

(Alger, 16 décembre 1846).

---

53.   Cette clause a pour résultat, contrairement au droit commun, de mettre la preuve à la charge de l'expéditeur ou du destinataire.

(Cassation, 1er mars 1887).

54.   L'ordre public ne permet pas à une
Compagnie de transports de stipuler,
contrairement aux dispositions formel-
les de la loi, qu'elle demeurera affran-
chie de toute responsabilité, à raison
des transports qu'elle est chargée d'exé-
cuter.

(Ferrand Giraud, vol. 2, p. 128).

Décisions nombreuses.

———

55.   Un arrêt de la Cour de Paris du
14 août 1847 déclare les Compagnies de
chemins de fer responsables des avaries
survenues aux objets dont le transport
leur a été confié alors que les bulletins
délivrés par leurs agents porteraient
qu'elles ne seraient responsables des
dommages arrivés aux objets fragiles ou
précieux qu'autant qu'ils auraient été
l'objet d'une convention particulière.

———

56.   La clause de non garantie a pour effet
de ne rendre la Compagnie responsable
de l'avarie qu'autant que le destinataire
ou l'expéditeur prouvent que la faute
vient de la Compagnie ou de ses agents.

(Cassation, 25 octobre 1887 et 14 décembre 1887.
(Cassation, 29 mars 1880, 3 novembre 1886 et 22 avril
    1895).

57.   La Compagnie ne saurait pas seule être rendue responsable par le motif qu'elle a, par sa faute, occasionné l'avarie, et, par la seule présomption que les objets transportés lui avaient été remis en bon état, alors qu'aucune preuve plus convaincante n'établit les torts de la Compagnie.

(Cassation, 14 décembre 1887).

---

58.   Mais la faute des agents de la Compagnie est suffisamment établie lorsqu'il est constaté que le chargement et le déchargement du colis a été effectué par les agents de la Compagnie, que les objets transportés offraient une résistance suffisante pour que la simple trépidation des wagons en marche ne put les briser ; qu'il suffisait pour éviter l'accident survenu de prendre les précautions les plus élémentaires et que ce résultat eut été obtenu si les agents de la Compagnie avaient placé et déplacé avec soin les objets et les avaient au besoin éloignés les uns des autres.

(Cassation 29 mars 1895).

---

59.   Lorsqu'une Compagnie de chemin de fer a accepté à l'enregistrement une

bicyclette non emballée, et qu'en cours
de route surviennent des avaries à la
machine : elle ne peut se refuser au
paiement d'une indemnité en se basant
sur le défaut d'emballage.

(*Trib. comm. Dijon 4 décembre 1894. Droit*, 13 décembre 1894, *Parthenay*, 15 avril 1897, *Seine*, 20 *juillet* 1896)

———

60.   Le voiturier est responsable des avaries autres que celles provenant du vice
propre de la chose ou de la force majeure
(103 C. comm.) Spécialement, une Compagnie de chemins de fer ne saurait
décliner la responsabilité des avaries
subies en cours de route par une bicyclette, en invoquant le défaut d'emballage ; nne machine de ce genre présente
par elle-même une résistance suffisante,
pour ne subir aucune avarie par la
seule trépidation du train en marche ;
dès lors, les avaries constatées proviennent d'une faute de la Compagnie et
engagent sa responsabilité (1382 C. vil.)

(*Trib. comm. Perpignan, 2 juillet* 1895).

———

61..   Il est de principe et de jurisprudence
que, si une Compagnie de chemins de
fer a le droit d'insérer la clause de non

garantie quand on demande l'application de tarifs spéciaux plus réduits, il n'en est pas de même quand il s'agit de tarifs ordinaires. Et d'ailleurs une pareille clause ne décharge pas le voiturier de toute responsabilité, son effet étant simplement de mettre le fardeau de la preuve à la charge de l'expéditeur, par dérogation à l'art. 103 C. comm. Par suite une Compagnie de chemins de fer est responsable des avaries survenues en cours de route à une bicyclette qu'elle transportait comme bagage, et qui avait été placée d'une façon défectueuse dans le fourgon.

(*Trib. comm. Bergerac,* 25 *mai* 1895 : *le Droit,* 8 *janvier* 1896, A).

---

62. En admettant même que les voyageurs soient obligés d'emballer leurs bicyclettes avant de les mettre aux bagages ; la Compagnie de chemins de fer qui a accepté une marchandise non emballée alors qu'elle devait l'être d'après les règlements, commet une faute dont elle doit subir les conséquences. La mention « sans garantie » mise au crayon sur le bulletin d'un voyageur ne peut exonérer la Compagnie des avaries survenues pendant le trajet et atténuer la faute commise par elle.

(*Trib. comm. Bernay, 22 novembre 1895*).
(*La loi du 11 février 1896.*)

---

63   Une Compagnie de chemins de fer est responsable des avaries subies par une bicyclette transportée comme bagage, alors même que cette bicyclette n'aurait pas été emballée, ce défaut d'emballage n'étant pas de nature à permettre à la Compagnie d'alléguer le vice propre de la chose transportée. Il en est autrement toutefois en ce qui concerne les détériorations de l'émail des roues et des cadres de la bicyclette, ces détériorations devant être considérées comme résultant du défaut d'emballage.

(*Trib. civ. Seine 6 juillet 1896 ; droit, 13 août 1896*).

---

64.   La mention faite sur la lettre de voiture par le camionneur de l'expéditeur, de certaines avaries à l'emballage et du défaut de certaines précautions dans l'emballage ou l'arrimage des marchandises expédiées — des bicyclettes, dans l'espèce, ne saurait être considérée comme une promesse de garantie, ce n'est qu'une sorte de reconnaissance de

.l'état dans lequel se trouvaient la marchandise et l'emballage au moment de
l'expédition.

(*Trib. comm., Toulon,* 17 *avril* 1896, *Gaz. Pal.* 96.
2. 90).

---

65.   Une Compagnie de chemins de fer
peut valablement s'exonérer, par avance,
de la garantie résultant au profit des
voyageurs, des art. 98 et 103 C. commerce.

Elle a, par suite, le droit de n'accepter
le transport d'un objet non emballé et
particulièrement fragile, — d'une bicyclette dans l'espèce, qu'en remettant au
voyageur un bulletin de bagage portant
la mention imprimée de « sans garantie ».

D'autre part, le voyageur ne peut
opposer à la rédaction unilatérale de
cette clause, que son défaut d'acceptation, cette acceptation pouvant être
tacite, et résultant suffisamment de la
réception, sans réserve, par le voyageur,
du bulletin de bagage ainsi libellé.

(*Trib. civil, Figeac,* 12 *août* 1896).
(*Le Droit,* 15 *octobre* 1896).

---

66.   Aux termes de l'art. 24 de la loi du
25 mai 1838, les juges de paix pronon-

cent sur les contestations entre les voyageurs et les voituriers pour retards d'effets, accompagnant les voyageurs : par effets accompagnant les voyageurs il faut entendre non-seulement les linges et hardes des voyageurs, mais toutes les marchandises qu'ils transportent avec eux et même les voitures, chevaux et bicyclettes ou autres objets de transport que le voyageur peut avoir avec lui.

§ 4

Pertes et Avaries

67. Le Commissionnaire de transports est garant de l'arrivée des marchandises et effets dans le délai déterminé par la lettre de voiture hors le cas de la force majeure légalement constatée.

(Code de Commerce, art. 97.)

---

68. Il est garant des avaries et pertes de marchandises et effets s'il n'y a de stipulation contraire dans la lettre de voiture ou force majeure.

(Code de Commerce, art. 98).

69. Il est responsable de la fausse direction qu'ont pu prendre les marchandises dont il a entrepris le transport.

(Colmar, 18 décembre 1812).

---

70. Le voiturier est garant de la perte des objets à transporter, hors le cas de force majeure.

Il est garant des avaries autres que celles qui proviennent du vice propre de la chose ou de la force majeure.

(Code de commerce, art. 103)

---

71. Si, par l'effet de la force majeure, le transport n'est pas effectué dans le délai convenu, il n'y a pas lieu à indemnité contre le voiturier pour cause de retard.

(Art. 104, Code de commerce).

---

72. La réception des objets transportés et le paiement du prix de la voiture éteignent toute action contre le voiturier.

(Art. 105, Code de Commerce).

---

73. Les voituriers par terre et par eau sont assujettis, pour la garde et la con-

servation des choses qui leur sont confiées, aux mêmes obligations que les
aubergistes dont il est parlé au titre du
dépôt et du sequestre.

*(Art. 1782, Code civil. — Voir plus bas n*os* 62 et
suivants).*

74.   Ils répondent non seulement de ce
qu'ils ont déjà reçu dans leur bâtiment
ou voiture. mais encore de ce qui leur
a été remis sur le port ou dans l'entre-
pôt pour être placé dans leur bâtiment
ou voiture.

(Art. 1783).

75.   Ils sont responsables de la perte et
des avaries des choses qui leur sont
confiées, à moins qu'ils ne prouvent
qu'elles ont été perdues par cas fortuit
ou force majeure.

(Art. 1784, Code civil).

76.   Tout voyageur qui réclame une indemnité à une Compagnie doit justifier
d'un dommage quelconque ou d'un préjudice réel.

77.   Ce préjudice et ce dommage peuvent
résulter soit d'une avarie, soit d'un re-

tard quelconque, soit de la perte de l'objet, soit enfin de diverses circonstances qui peuvent varier à l'infini.

_____

78.   Dans ces divers cas la faute se répare par le paiement de dommages-intérêts, conformément aux art. 1,149, 1,150 et 1,151 du Code Civil.

_____

79.   Le voyageur ne peut laisser pour compte les objets au transporteur que dans le cas où. même avec des réparations, il lui est impossible de les employer à l'usage auquel ils sont destinés. — L'appréciation des juges est souveraine quant à ce.

_____

80.   En cas de retard le laissé pour compte n'est admis, que lorsque l'objet n'est pas arrivé suffisamment à temps pour lui donner la destination qu'on lui réservait, et qu'on s'est vu obligé ou de s'adresser ailleurs pour s'en procurer un nouveau, oubien de renoncer à en faire usage.

_____

81.   Les bagages doivent voyager par le même train que le voyageur, et ils doi-

vent lui être livrés contre remise du bulletin aussitôt après leur déchargement sans attendre le départ du train.

(Circulaire du 23 février 1857).

Registre des Plaintes ou Réclamations

Ordonnance du 15 novembre 1846, art. 76.

82.   Il sera tenu dans chaque station un registre coté et paraphé à Paris par le Préfet de police, ailleurs par le Maire du lieu, lequel sera destiné à recevoir les réclamations des voyageurs qui auraient des plaintes à former, soit contre la Compagnie, soit contre les agents. Ce registre sera présenté à toute réquisition du voyageur.

83.   Le refus par les employés des Compagnies de représenter ledit registre à toute réquisition des voyageurs constitue une contravention.

(Ar.. 79 de l'ordonnance du 15 novembre 1848. Tr. de Fontainebleau, 8 avril 1859).

84.   Les plaignants en inscrivant leurs revendications ne peuvent se servir d'expressions injurieuses à l'égard des

agents, malgré que la Cour de Paris, à la date du 3 juillet 1884 ait décidé que le registre étant secret, il n'y avait pas diffamation de ce fait.

———

85.   C'est aux commissaires de surveillance administrative qu'incombe l'instruction de ces plaintes qui peuvent aussi leur être adressées directement sans qu'elles soient inscrites sur les registres des gares.

CHAPITRE III

HOTELS, AUBERGES. CAFÉS

86.   Chacun est responsable du dommage
qu'il a causé non seulement par son fait
mais encore par sa négligence ou par
son imprudence.

(Art. 1,383, Code Civil).

---

87.   On est responsable non seulement du
dommage que l'on cause par son propre
fait mais encore de celui qui est causé
par le fait des personnes dont on doit
répondre ou des choses que l'on a sous
sa garde.

(Art. 1,384 Code Civil).

---

88.   Les aubergistes ou hôteliers sont responsables comme dépositaires des effets
apportés par le voyageur qui loge chez
eux. Le dépôt de ces sortes d'effets doit
être regardé.comme un dépôt nécessaire.

(Art. 1,952 Code Civil)

---

89.   Ils sont responsables du vol ou du
dommage des effets du voyageur soit.

que le vol ait été fait ou le dommage ait été causé par les domestiques et préposés de l'hôtellerie ou par des étrangers allant et venant dans l'hôtellerie.

(Art. 1,953 Code Civil).

---

90.   Cette responsabilité est limitée à 1,000 fr. pour les espèces monnayées et les valeurs ou titres au porteur de toute nature non déposés réellement entre les mains des aubergistes ou hôteliers.

(Loi du 18 avril 1889).

---

91.   Le mot effet doit être pris dans un sens général comprenant marchandises, animaux et tout autre objet.

(Rennes, 26 décembre 1833).

---

92.   Le voyageur n'est pas tenu de prouver exactement le montant de la somme à lui soustraite si, des circonstances de la cause et de sa position de fortune, il résulte qu'il était possesseur de cette somme et si, d'un autre côté, on ne lui peut reprocher aucune imprudence.

(Paris, 7 mai 1838 — 26 décembre 1838 — 14 septembre 1881).

93. L'aubergiste est responsable du vol commis sur une voiture confiée à sa garde ou à celle de ses employés ou domestiques.

———

94. Le fait par un vélocipédiste de déposer du consentement de l'aubergiste une bicyclette dans l'écurie de ce dernier ne constitue pas un dépôt nécessaire au sens de l'article 1952, C. C., mais bien un simple dépôt volontaire, alors que ledit vélocipédiste n'a fait aucune dépense dans l'auberge et que l'aubergiste n'a retiré aucun bénéfice du remisage de sa bicyclette. En conséquence, l'aubergiste ne peut être responsable de la perte ou du vol de ladite bicyclette que s'il a commis une faute lourde.

(Justice de paix de Libourne, 26 octobre 1895).

———

95. L'imprudence et la négligence des voyageurs ne peuvent faire cesser cette responsabilité à moins que l'hôtelier ne prouve que le vol a été commis par des tiers étrangers à l'hôtel et qu'il avait pris toutes les précautions voulues pour éviter le vol.

(Cour de Paris, 14 décembre 1881).

96. L'art. 1932, en effet, qui édicte une présomption de faute contre. les aubergistes ou hôteliers doit être interprété dans un sens restrictif puisqu'il déroge au droit commun. Or, d'après son texte même, cette présomption de faute n'existe qu'en faveur du voyageur qui loge dans l'hôtel ou l'auberge. Elle ne s'applique donc plus lorsque, comme dans l'espèce, il s'agit d'une contestation entre l'aubergiste et un tiers qui ne loge pas chez lui.

(Cassation, 4 juillet 1814).

---

97. Les aubergistes et hôteliers sont responsables, comme dépositaires, des effets apportés et déposés dans l'auberge par le voyageur qui loge chez eux et le motif en est que le dépôt de ces effets est considéré dans ce cas comme un dépôt nécessaire.

Mais cette responsabilité spéciale et rigoureuse que l'art. 1952 du Code civil fait peser sur les aubergistes et hôteliers ne saurait être étendue par analogie aux propriétaires d'établissements publics tels que débit de boissons et cafés qui, bien qu'ouverts au public, ne rentrent pas dans la catégorie des établissements où l'on loge, ni même à l'aubergiste chez lequel le voyageur n'a fait que prendre en passant une consommation sans y loger, alors d'ailleurs qu'aucune faute, négligence ou imprudence, ne peut être imputée à l'aubergiste qui a reçu le dépôt dans de semblables circonstances.

(Justice de paix de Creil (Oise), 28 septembre 1888.)
— Cassation, 26 janvier 1875, journal du Palais. 1875-619.

---

98. Toute personne qui demande à se restaurer dans un hôtel doit être considérée comme voyageur.

(Cassation, 2 juillet 1859).

---

99. Le dépôt lorsqu'il est salarié constitue un véritable louage puisque alors le dépositaire loue ses soins.

(Riom, 30 mai 1881).

---

100. Le propriétaire d'un établissement de bains ne doit pas être soumis aux règles et obligations de l'article 1952 concernant les hôteliers ou aubergistes, à moins que le dépôt ne soit salarié.

CHAPITRE IV

Voirie, Voituriers, Troupeaux, Accidents, Responsabilités

101.   Celui qui, montant en vélocipéde, s'est, par imprudence, inattention et inobservation des règlements jeté sur une voiture attelée, venant en sens contraire et a ainsi déterminé la chute du cheval qui s'est couronné les deux jambes, est responsable de cet accident et passible de dommages-intérêts.

Est civilement responsable du dommage le propriétaire du vélocipède, alors que celui qui le montait et qui a occasionné l'accident était un de ses employés ou domestiques qui s'acquittait de la mission qu'il lui avait confiée.
(1 mai 1889, Justice de paix du XI arrondissement de Paris).

102.   Aux termes de l'art. 9 du décret du 10 avril 1892 et de l'art. 475 n° 3, tout roulier ou conducteur de voitures doit se ranger à sa droite à l'approche de tout autre voiture de manière à laisser libre au moins la moitié de la chaussée, mais il n'est pas tenu à la même obligation

à l'approche d'une bicyclette. Il suffit qu'il laisse au bicycliste un passage suffisant, une bicyclette simple n'étant pas une voiture.

(Cassation criminelle, 1ᵉʳ juin 1894).

---

103.   Ce passage est fixé à 1ᵐ 50 de largeur par l'arrêté préfectoral.

(Art. 5 § 2).

---

104.   En cas d'accident causé par un animal, l'art. 1,385 du C. C. fait peser sur le propriétaire une présomption de faute que celui-ci ne peut détruire pour dégager sa responsabilité, qu'en prouvant que l'accident est imputable à la faute de celui qui en à souffert ou provient d'un cas de force majeure.

(Cassation règ. 1ᵉʳ février 1892).

---

105.   Au point de vue des règlements de voirie et de précautions à prendre, le bicycliste est tenu à une circonspection, une prudence, et une initiative individuelle plus grandes que le conducteur de voitures.

Et ce dernier échappe notamment à toute responsabilité lorsqu'il est cons-

taté qu'il se trouvait a peu près au mi-
lieu d'une route de 8 mètres en laissant
à sa gauche un espace de 3 ^{m} 50 où il
était facile à un bicycliste quelque peu
prudent et expérimenté de passer sans
encombre.

(Tribunal de Lyon, 11 juillet 1894).

---

106.   Le propriétaire d'un animal est responsable du dommage causé par ce dernier quand même il établirait qu'aucune
faute ne lui est imputable et qu'il est
impossible d'assigner une faute au fait
de l'animal. Il ne pourrait échapper à la
responsabilité qu'en prouvant que ces
faits résultent d'un cas fortuit ou d'une
force majeure.

(Cour de Besançon, 3 décembre 1881).

---

107.   Commet une faute dont il doit réparation, le voiturier qui accroche et détériore une bicyclette placée le long du
trottoir d'une rue.

L'auteur de l'accident ne saurait invoquer pour sa défense un arrêté munici-
pal relatif au stationnement des voitures sur la voie publique.

(Justice de paix de Dijon, 2 novembre 1895).

108. La bicyclette ne pouvant être assimilée à une voiture.

(*Cassation, 1er juin 1894*).

---

109. Le voiturier qui accroche et détériore une bicyclette placée le long du trottoir d'une rue n'est pas responsable de cet accident alors qu'il a pris toutes les précautions pour l'éviter en ralentissant sa voiture dans sa marche.

Il y a imprudence de la part d'un vélocipédiste à laisser sa bicyclette sur le bord de la voie publique dans un endroit étroit et passager et l'accident qui survient dans ces conditions doit être attribué à un manque de soin.

(*Justice de paix de Bourg-sur-Gironde, 15 décembre 1895*).

---

110. Les conducteurs de voiture et cavaliers devront se ranger à leur droite à l'approche d'un vélocipède de manière à lui laisser libre un espace utilisable d'au moins 1m 50 de largeur.

Les vélocipédistes sont tenus de s'arrêter lorsque à leur approche un cheval manifeste des signes de frayeur.

(*Arrêté Préfectoral, art. 5*).

111.   Est responsable des blessures qu'il cause à une personne renversée par lui, le bicycliste qui va à une allure rapide, dans un endroit plein de monde et dont la machine est munie d'un grelot insuffisant pour être entendu à la distance prescrite par les arrêtés.

(Trib. corr., Grenoble, 18 juin 1896. Droit 14 août 1896.

———

112.   Le patron ne saurait être déclaré responsable de l'accident causé à un tiers par son préposé monté sur une bicyclette, s'il n'est point établi que celui-ci faisait habituellement à bicyclette les courses qui lui étaient ordonnées par son patron, ni qu'à l'heure de l'accident il faisait une course réellement commandée.

(Trib. corr, Seine, 18 mai 96. Gaz. Pal. 96. 2. 84).

———

113.   Si le conducteur d'un troupeau de vaches est en faute de n'avoir pas essayé de rassembler ses vaches éparpillées sur la route en voyant venir de loin un bicycliste, celui-ci commet une faute en ne modérant par la marche de sa bicyclette de manière à être maître de la vitesse et s'arrêter au besoin en croisant

le troupeau. Il y a lieu en pareil cas de
faire supporter en commun par les par-
ties les suites d'un accident survenu par
la rencontre d'un troupeau de vaches.
(Tribunal de paix de Heuclin, 16 octobre 1895.
Moniteur, J. de P.. 96, 60)

CHAPITRE V

Chiens, Refus de Secours, Armes prohibées Fabricant, Loueur de bicyclettes, Loueur de Cheval

§ 1

Chiens

114.   Le propriétaire d'un animal ou celui qui s'en sert, pendant qu'il est à son usage est responsable du dommage que l'animal a causé soit que l'animal fut sous sa garde, soit qu'il fut égaré ou échappé.

(Art. 1385, *Code Civil).*

---

115.   Il est responsable, soit que l'animal ait été poussé par son instinct naturel soit en s'en écartant et en obéissant à une cause quelconque.

(Sirey, Toullier et Zachariæ).

---

116.   Il est responsable d'une blessure faite par ses chiens à une personne qui se présentait chez lui en plein jour pour motif plausible, en y pénétrant par une porte laissée ouverte et avec l'autorisation des gens de service.

(Alger, 5 juin 1878).

117. Surtout si les chiens avaient un mauvais naturel et étaient réputés comme tels.

(Même arrêt).

---

118. Le propriétaire d'un chien qui, s'étant échappé sur la voie publique, a mordu un passant, est responsable des suites de cet accident, alors même que ce chien aurait brisé la laisse qui le retenait.

(Chambéry, 8 juin 1886. — Cassation 13 décembre 1893).

---

119. Le propriétaire d'un chien, qui se lance sur un cycliste, et le blesse, est passible de la contravention prévue et punie par l'art. 475 n° 7 du Code pénal, et passible de dommages-intérêts alors surtout que rien n'a été fait pour retenir l'animal.

(Tribunal correctionnel de Vannes, 30 octobre 1896).

---

120. Encourt la même responsabilité et la même contravention le propriétaire du chien qui a blessé un cycliste passant sur la voie publique. alors même que le propriétaire se trouve absent.

(Tribunal de simple police d'Argelès, 6 octobre 1896).

121.   Tout en exigeant des cyclistes, à raison du caractère essentiellement mobile de leurs instruments, la plus grande prudence pour éviter les rencontres inopinées avec les piétons ou les animaux, il devient de plus en plus obligatoire pour les propriétaires de chiens de surveiller attentivement et au besoin de rappeler à eux à l'approche d'un vélocipède ces animaux qui, par leur va-et-vient continuel ou leur tendance à poursuivre les véhicules, constituent une cause fréquente d'accidents. Par application de l'article 1385 C. civ., le propriétaire d'un chien est responsable de l'accident occasionné par celui-ci à un vélocipédiste alors que ce dernier marchait à une allure modérée à la droite de sa route et qu'il n'est relevé à son encontre aucune faute ou imprudence.

(Trib. civ. Vesoul, 24 juin 1896. La loi 29 juin 1896. Droit, 1ᵉʳ juillet 1896).

---

122.   Est punissable des peines édictées par l'art. 475 n° 7, le propriétaire d'un chien de moyenne taille qui a poursuivi un bicycliste en aboyant.

(Tribunal de simple police de Saint-Gilles-sur-Vic, 3 janvier 1896.)

123.   Art. 475. — Seront punis d'amende depuis 6 fr. jusqu'à 10 fr.

N° 7. — Ceux qui auront excité ou n'auront pas retenu leur chien, lorsqu'il attaque ou poursuit les passants, quand même il n'en serait résulté aucun mal ni dommage.

---

124.   Le fait de maltraiter et blesser un chien d'autrui, hors le cas de légitime défense, constitue un fait dommageable qui peut donner lieu à indemnité au profit du propriétaire du chien.

(Justice de paix de Montcuq (Lot), 21 juillet 1888).

---

§ 2.

Refus de Secours

125.   Les brigadiers, agents de police, gendarmes, gardes champêtres ont le droit de requérir les citoyens pour leur prêter secours en cas de flagrant délit, pour l'arrestation des individus qui troublent l'ordre sur la voie publique ; le refus d'obtempérer à leur réquisition, est punissable lorsqu'il résulte des débats

que le contrevenant était en mesure de porter le secours qui lui était demandé.

(Tribunal de simple police de Lunnéville, 4 octobre 1888. — Cassation 24 novembre 1865).

126. Le refus d'obtempérer à des réquisitions de cette nature n'est punissable qu'autant que l'agent de l'autorité a fait connaître la qualité en laquelle il agit ou que cette qualité est nécessairement connue du citoyen requis.

(Cassation, 8 avril 1854).

127. Contrevient à l'art. 475, n° 12.
1° Celui qui refuse d'aller chercher la gendarmerie pour dissiper un rassemblement.

(Cassation, 20 mars 1851).

128. Celui qui refuse de se mettre à la chaine en cas d'incendie.

(Cassation, 8 octobre 1842).

129. L'excuse n'est admise, que lorsqu'il y a eu impossibilité de faire les travaux demandés ou de prêter le secours réclamé.

(Cassation, 20 mars 1861).

§ 3

Armes prohibées

130. ᴀʀᴛɪᴄʟᴇ 314 du Code pénal. — Tout individu qui aura fabriqué ou débité des stylets, tromblons, ou quelque espèce que ce soit d'arme prohibées par la loi ou des règlements d'administration publique, sera puni d'un emprisonnement de six jours à six mois.

Celui qui sera porteur des dites armes sera puni d'une amende de seize francs à deux cents francs.

Dans l'un comme dans l'autre cas, les armes seront confisquées.

———

131. Le couteau-poignard et le poignard sont prohibés.

(Bordeaux, 1ᵉʳ février 1837. — Cassation, 15 octobre 1841).

———

132. Il en est de même des pistolets de poche et des revolvers.

(Ordonnance du 23 février 1887. — Pau, 13 novembre 1886).

§ 4

Location de cheval

133. Celui qui a loué un cheval pour aller en excursion, moyennant un prix déterminé, est responsable de l'accident survenu à ce cheval et de la détérioration qu'il a subie.

Et si le locataire décline sa responsabilité il ne suffit pas qu'il prétende avoir apporté à la conservation de l'animal à lui confié tous les soins d'un bon père de famille, il faut encore qu'il justifie des causes du dommage.

A plus forte raison doit-il être déclaré responsable et tenu de payer des dommages-intérêts si des débats il résulte que le cheval a été surmené.

(Justice de paix de Segré (Oise), 18 mai 1887).

---

134. Celui qui a loué un cheval est responsable de la perte de l'animal s'il résulte de l'enquête et des débats que cette perte provient de son fait et de sa faute et notamment s'il est établi qu'il lui a fait faire un travail excessif et qu'il ne l'a pas nourri suffisamment.

(Justice de paix de Nérac. — 30 mai 1884).

135.   Aussi appartient-il au preneur, pour se dégager de cette responsabilité, d'établir que l'animal à lui loué n'était pas apte à faire le service pour lequel il avait été loué.

———

136.   Il lui appartient aussi d'établir, en cas d'accident, et toujours pour dégager sa responsabilité, les vices et défauts apparents ou cachés dont pouvait être atteint cet animal.

§ 5

Fabricant, Loueur de Bicyclettes

137.   Celui qui a fabriqué une bicyclette et le marchand qui l'a vendue sont, à bon droit, déclarés responsables de l'accident survenu à l'acheteur en s'en servant lorsqu'il est constaté que cet accident a été occasionné par la faiblesse exceptionnelle du tube de direction dans le partie ou la cassure s'est produite qui ne permettait pas d'élever sans danger la guidon dans son jeu normal jusqu'à l'extrémité du dit tube.

(Art. 1641, 1645, 1382, Code civil.)
(Pandictes Françaises 1895, 1256.)

138.   On ne peut pas considérer comme un vice de constructien dans une bicyclette le fait que le tube de direction est simple et non renforcé. Si à l'époque où la machine a été construite les inconvénients des tubes simples ne s'étaient pas encore révélés.

La remise à neuf d'une bicyclette, d'après les usages reçus dans ce genre de commerce, ne comprend pas le démontage de la machine, la vérification de toutes les pièces qui la composent, la rectification des frottements, ni la réparation des pièces dont la défectuosité se révèlerait à un examen minutieux. Cette remise à neuf s'entend de l'apparence extérieure de la bicyclette et ne comporte que la peinture de la machine et le nickelage des pièces polies.

En conséquence, on ne saurait faire grief au fabricant chargé de remettre une bicyclette à neuf de ne s'être pas aperçu de la faiblesse du tube de direction, et prétendre le rendre responsable de l'accident causé par cette défectuosité.

(*Trib. civ. Seine,* 11 *novembre* 1896; *droit,* 3 *décembre* 1896.)

---

139.   Commet le délit prévu et puni par la loi du 26 juillet 1824, l'individu qui, ayant acheté une bicyclette chez un fabricant, en enlève les roues et le siège pour les remplacer par d'autres roues et un autre siège, et, sur le cadre ainsi conservé, supprime le nom et la raison sociale au fabricant pour les remplacer par la raison sociale d'autres fabricants. Et ces derniers doivent être déclarés complices de l'auteur du délit lorsqu'il est constant qu'ils n'ont pu ignorer les travaux exécutés par lui et que la fraude avait nécessairement pour but principal d'établir la supériorité de leurs produits et ne pourrait, dès lors, être organisé que par eux ou en vertu de leurs instructions.

(*Paris, 9 août* 1894. *Gaz. Palais,* 1894. 2. 323.

140. Lorsqu'un mineur loue un vélocipède pour une promenade et ne le restitue pas au loueur, celui-ci n'a aucune action en paiement de la valeur dudit vélocipède contre les parents s'il est constant qu'il n'a pas pris soin d'inviter le mineur à justifier, lors de son entrée en relations avec lui, de l'autorisation de ses parents, qu'il n'a rien fait pour s'enquérir des noms et adresses de ceux-ci, et qu'il n'a pris aucun renseignement.

(*Tribunal civil Seine,* 6 *février* 1894; *la Loi,* 26 *avril* 1894.)

141. Les vêtements qu'un vélocipédiste, pour alléger sa marche, laisse chez un loueur de machines doivent être considérés comme un dépôt et non comme un gage.

 (Trib. paix, Sceaux, 8 juin 1894, Moniteur, Justice de prix, 94, 454).

TABLE

§ 3

BICYCLETTE-BAGAGE

§ 4

PERTES ET AVARIES

III

Hôtels, Auberges, Cafés

IV

Voituriers

V

§ 1

CHIENS

§ 2

REFUS DE SECOURS

§ 3

ARMES PROHIBÉES

§ 4

§ 5